AF312119

APERÇU

SUR

LES QUALITÉS ET LES CONNAISSANCES

QUE DOIT POSSÉDER

L'OFFICIER D'INFANTERIE;

Par M.^r d'Esmoud,

Capitaine d'Infanterie.

A PARIS,

Chez MAGIMEL, Libraire, rue Dauphine, N.º 9.

MARS 1821.

AVANT-PROPOS.

L'on est généralement disposé à croire que le devoir de l'Officier d'infanterie n'exige pas beaucoup d'études, et que l'instruction requise de ce membre du premier corps militaire, se renferme dans quelques volumes fugitifs (1).

C'est donc pour repousser une pareille opinion, que je hasarde d'exposer aux yeux du lecteur, un Aperçu des qualités et des connaissances qui servent à former cet Officier, avec la perfection que réclament ses nobles attributions.

Mon plan est divisé en trois par-

(1) Un des célèbres fondateurs de la philosophie moderne prétendait que l'instruction requise de cet officier *se renfermait dans un volume in-12.* (*Réglement.*)

ties ; la première comprend tout ce qui est indispensable pour l'exécution du devoir immédiat de l'officier ; la deuxième embrasse l'instruction utile à son arme ; la troisième a pour objet d'indiquer celle qui peut accidentellement lui devenir avantageuse.

Pour que ce rapide exposé se déroule néanmoins sous un point de vue simple et clair, je me représente un élève de l'Ecole militaire, qui passe progressivement au grade de capitaine *inclus*, et développe ainsi les connaissances qu'il lui a fallu posséder dans ses différens emplois, pour mériter le titre de Bon Officier d'infanterie.

APERÇU

SUR LES QUALITÉS ET CONNAISSANCES
QUE DOIT POSSÉDER

L'OFFICIER D'INFANTERIE.

I.re PARTIE.

Connaissances nécessaires.

La profession qui garantit nos frontières des ravages des étrangers, et qui assure la tranquillité des habitans dans l'intérieur de la patrie, est évidemment une des plus nobles que puisse embrasser celui qui aime son pays : or, pour acquérir toutes les branches d'instruction qu'exige cette honorable carrière, il lui faut beaucoup de travail théorique et expérimental.

Parmi les différentes *armes*, l'infanterie est celle qui offre le plus vaste champ à ceux qui se dévouent à la profession militaire. La première qualité nécessaire, et qui doit distinguer celui qui commande à ses semblables, est celle d'une probité exemplaire, que rien ne puisse lui faire altérer la vérité, ni rompre des engagemens qui seraient dictés par la délicatesse et la loyauté qui caractérisent l'homme de bien. Il doit être conséquent dans tout ce qu'il fait, dans tout ce qu'il dit, et ne doit prononcer sur un sujet quelconque qui pourrait être nuisible, ou à ses concitoyens, collègues ou subordonnés, qu'après une mûre délibération, et étant moralement convaincu de l'existence d'un fait ; alors il est de son devoir de prononcer avec une fermeté et un calme imperturbables ; il doit être au-dessus de toute flatterie, et ne céder aux instances de qui que ce soit. Tel est le caractère qui assure au chef la confiance, l'obéissance, le respect et l'estime de ses subordonnés, qui doivent être l'objet du premier soin de l'homme revêtu du pouvoir. Ainsi, le jeune Français dont je me propose de développer les connaissances qui lui ont mérité le titre de bon officier d'infanterie, n'a reçu sa nomination qu'après avoir été proposé comme possédant toutes ces qualités qui tiennent à des mœurs véritablement pures.

Cette conduite réglée de celui qui embrasse l'état des armes, lui facilite les moyens d'atteindre le premier but de tout homme appelé à diriger ses concitoyens, celui d'apprécier le physique et le moral de ceux qui sont sous ses ordres. Cette branche d'instruction est également réclamée par l'humanité, et le désir de rendre de bons services, en employant chacun suivant l'étendue de sa capacité et celle de sa force physique ; car il est de fait, sous un double rapport, qu'il y a autant de nuances que d'individus. Cette vérité peut être classée dans les nombreuses cathégories qui viennent à l'appui de cet axiôme, qu'il n'y a rien de semblable dans la nature ; et, dans le fait, parmi les hommes, il n'en existe pas deux de la même force ou du même caractère : il est donc indispensable à celui qui veut s'en servir judicieusement, de savoir et leurs bonnes qualités et leurs faiblesses, leur instruction et leur aptitude : le chef se trouve par là à même de rendre chacun très-utile à l'Etat, en ménageant leur naturel autant que possible, en n'agissant que suivant la nature ; car il est avéré qu'elle aide toutes les actions raisonnables de l'homme, toutes les fois

que celui ci ne se heurte pas trop ouverte-
ment contre ses impulsions.

La connaissance physique de l'homme indique le degré de fatigue qu'il peut soutenir,
et la place qu'il peut occuper relativement à
sa vigueur et à sa taille: s'il est grand et fort,
sa place doit être nécessairement là où il y a
plus de peines à supporter ; est-il petit et
leste, on en peut tirer un usage qui n'est pas
moins avantageux. Tels sont les principes qui
ont donné lieu à la formation de nos compagnies d'élite, dont les bons services justi-
fieront à jamais l'utilité de l'institution. Les
hommes d'une force et d'une taille moyennes
se trouvent également bien là où les travaux
corporels sont moins grands, et forment ainsi
les compagnies du centre. Pour être artilleur
ou cuirassier, il faut être grand et robuste.
Le hussard et le chasseur n'exigent pas la
même capacité physique, et se rendent également utiles.

L'étude du moral ne sert pas moins ; c'est
elle qui met à portée d'apprécier ses subordonnés, de saisir leurs caractères naturels ,
afin de pouvoir prendre le ton applicable
aux mœurs de chacun ; de ne point confondre
ceux qui ont de mauvaises dispositions, faute

de bons exemples, avec ceux qui les ont innées (1). Les premiers sont plus doux, plus
dociles, enfin peuvent revenir de leurs dé-
fectuosités par les soins de leurs chefs ; les
autres, marqués au mauvais coin, ne sau-
raient devenir meilleurs, et ne peuvent s'u-
tiliser que par des moyens correctifs. C'est
cette connaissance du moral, qui indique la
probite, l'instruction et l'aptitude ; elle est
d'autant plus nécessaire à un chef, qu'elle
lui procure infailliblement le moyen de connaître ceux auxquels il pourrait donner un
travail de bureau ou un emploi de confiance.

Ainsi, tous les hommes peuvent rendre
d'excellens services, s'ils sont toujours em-
ployés selon la nature de leurs facultés.

Cette etude, qui fut l'objet de la première
application du jeune officier, lui a justement
attiré l'estime générale ; ses mœurs, sa manière distinguée de s'entretenir avec tous
les hommes, conservant un caractère noble
et indépendant ; sachant plier et se conformer aux habitudes des autres, sans partager

---

(1) Plusieurs savans prétendent qu'il n'y a pas de
mauvaises qualités innées.

leurs vices, sont du plus heureux présage pour la carrière à laquelle il se destine ; ainsi , toutes ses actions caractériseront l'homme animé du désir de se rendre utile ; une première occasion se présente , celle du recrutement de son corps qui a éprouvé une perte considérable en Espagne, et qui n'attendait que son complet pour joindre la grande armée de l'Allemagne. Le véritable mérite ne saurait se cacher , il perce partout. Le nouvel arrivé (élève de l'Ecole militaire) est chargé de l'instruction des recrues , et a rempli ses fonctions avec la plus grande exactitude , et de manière à plaire infiniment par le soin qu'il a mis de démontrer à ses jeunes élèves les plus petits détails de leurs premiers devoirs , tels que le démontage et le remontage des objets dont se sert le soldat. La manière de les entretenir ne fut pas moins scrupuleusement enseignée avec cette exactitude qui décèle l'homme véritablement au fait du sujet qu'il traite : car il est prouvé que la connaissance d'une chose quelconque ne s'obtient que par son analyse ; ainsi on procède par se donner une notion exacte des parties dont un objet est composé, des rapports que ces parties peuvent avoir entr'elles, de leur adhésion mutuelle, et puis de l'ensemble de l'objet. Ainsi il il est d'un grand intérêt pour l'officier de savoir décomposer les armes dont se sert l'infanterie, afin de s'en former une idée juste; par exemple, le fusil, qui est l'arme la plus nécessaire, doit être connu et en grand et en détail, la composition et les espèces de matières que l'Etat fournit aux armuriers pour son confectionnement; il doit pouvoir s'assurer si quelques abus ne se sont pas glissés dans la fabrication, ce qui pourrait causer des accidens fâcheux pour le soldat qui se fie à son arme, pour l'officier qui commande, enfin pour l'Etat qui en souffrirait. Ces observations sur la composition et le mécanisme du fusil, et des autres armes de défense appartenant à l'infanterie, sont également applicables à tous les objets nécessaires au soldat; savoir, le grand et petit équipement, l'habillement, les linges et chaussures, ainsi que ce qui est du ressort du menu entretien.

La propreté est leur principale conservatrice; elle est un des pivots sur lesquels repose la sûreté du soldat, l'ame de la victoire, et conséquemment devient trop importante. pour ne pas occuper une première place parmi les études qui rendent le jeune instructeur utile au service. Il connaissait les différentes matières qui pourraient servir à l'entretien des armes et autres objets militaires ; il savait s'en servir, indiquer leur effet et enseigner leur usage. Comme toutes ces matières ne se trouvent pas dans le commerce exemptes de substances nuisibles à leur conservation, il démontrait la manière de les décomposer, afin d'en extraire ces substances hétérogènes et corrosives.

Il n'a pas montré moins de zèle ni moins de soins dans la branche d'instruction qui a pour but les positions avantageuses du soldat avec et sans armes, ainsi que le mécanisme des différens pas qui constituent le ressort de tous les mouvemens évolutionnaires. Cette connaissance présente peu de difficultés à ceux qui ne s'appliquent qu'à la superficie, mais devient l'objet d'une étude réfléchie, lorsqu'il s'agit d'atteindre le degré d'instruction exigée du bon officier. Il ne lui suffit pas d'apprendre littéralement son devoir, comme il se trouve consigné dans l'ordonnance (1), non plus qu'il ne suffirait au lé-

____

(1) Ordonnance du 1.er août 1791. (*Réglement.*)

giste d'apprendre à réciter les différentes lois, sans avoir fait des études préliminaires qui puissent l'initier dans l'esprit du législateur ; il s'agit de démontrer et de persuader, ce qui exige une étude minutieuse du sujet, afin de saisir l'esprit et de conformer la démonstration aux personnes que l'on instruit. Il suffit au soldat d'exécuter suivant les principes qu'on lui démontre ; mais l'officier doit laisser prendre un essor plus élevé à ses idées. Il ne doit pas se contenter de savoir que dans la première position du soldat sans armes, les talons doivent être sur la même ligne, que les jarrets doivent être tendus sans être roidis, et que le haut du corps doit être un peu penché en avant : il lui importe de connaître les propositions physiques dont ces principes consacrés, ne sont que les conséquences approuvées par le Gouvernement. Ainsi, l'instructeur qui m'occupe s'en est rendu une juste raison par sa connaissance théorique du centre de gravité qui assure la force de l'homme.

Dans le maniement des armes, il s'est formé également des notions satisfaisantes sur tous les mouvemens des bras, et ne se contentait pas de savoir que le corps doit rester immobile, et qu'il n'y ait que les avant-bras qui doivent agir dans les principaux mouvemens ; sa raison a été marquée au coin de conviction, après l'avoir puisée dans cette science qui répand sa lumière sur toutes les questions physiques que le vulgaire ne saurait résoudre, mais qui n'ignore pas pourtant l'existence d'une chose, ses sens en etant plus ou moins frappés. *Omnis idea oritur à sensibus* (1) ; c'est là le seul savoir auquel peut atteindre son intelligence : il s'arrête, étonné du phénomène, sans pouvoir poursuivre sa cause. C'est que l'expérience enseigne l'un, et prodigue ses lumières aux animaux même ; mais elle abandonne l'autre à qui de droit, n'étant que du domaine de la science qui ne prodigue ses trésors que sur le seul animal raisonnable, et à celui-ci, qu'autant qu'il s'applique à la cultiver. Le marchand qui se sert de la romaine pour peser sa marchandise, sait parfaitement qu'à mesure qu'il éloigne ou rapproche de l'anneau (point d'appui), le poids suspendu au levier, celui-ci résiste plus ou moins à sa marchandise. L'instructeur qui

______

(1) Gassendi.

ne possède que le texte de l'ordonnance, sait également qu'en levant son arme verticalement le bras tendu, le poids lui en est plus sensible que quand il le lève suivant les bons principes puisés dans la théorie du levier, le bras raccourci et le coude au corps. C'est que tout ceci s'acquiert par l'expérience, mais ne suffit pas à ceux qui, au fait de leur sujet, démontrent avec connaissance de cause.

L'assiduité et les lumières que le jeune iustructeur a développées dans l'exécution de son devoir, ne lui furent pas de peu de valeur. Le Conseil d'administration de son régiment, pour récompenser son zèle, le proposa pour l'emploi d'ajudant-major (1) qui lui fut de suite accordé. Le voilà donc chargé d'une instruction plus étendue que celle de l'école du soldat. Il lui est également confié celle du peloton, qui peut être regardée comme le piédestal sur lequel ᵢ ₌pose l'école du bataillon, colonne qui sert d'appui à l'édifice de toutes les manœuvres évolutionnaires

---

(1) Les fonctions de cet officier sont changées par l'ordonnance du 13 mai 1818. C'est le chef du corps à présent qui propose pour cet emploi.

qui ont illustré nos armées et nos généraux dans toutes les contrées où nous avons porté la gloire du nom français. Je me dispenserai de détailler l'exactitude qu'il a mise dans cette instruction ; des preuves irréfragables se sont présentées d'elles-mêmes dans les manœuvres du bataillon, qui ne peuvent jamais être exactes, si chaque peloton n'est déja bien affermi dans tout ce que prescrit cette école, soit à l'égard du devoir de leurs chefs respectifs et de celui des guides, soit à l'égard de l'à-plomb des soldats.

Dix-huit mois d'adjudant-major étant expirés, Clerval (1) se voit breveté capitaine, et continue à remplir les fonctions d'instructeur de bataillon. Le choix ne pouvait mieux se faire, d'autant plus que ses emplois antérieurs et le succès de ses soins justifient la confiance de ses chefs, qui lui ont déféré cette charge qui exige la réunion de tant de qualités.

En effet, l'école du bataillon demande plus d'aptitude que les deux écoles précitées, à cause de sa participation aux difficultés que présentent ces deux écoles élémentaires

____

(1) Le nom de famille de l'officier.

ou primaires , et à celles qui naissent en raison du volume de sa masse et de l'étendue
du terrain qu'il lui faut pour manœuvrer
avec toute cette régularité géométrique qui
signale le bon tacticien.

Il n'est donc aucun bon manœuvrier qui
ne sache ainsi tirer parti et exécuter toutes
les manœuvres consignées dans l'ordonnance (1) , ainsi que celles que l'expérience a
enseignées depuis, sur un espace égal au
quarré du front de sa troupe ; c'est là où se
manifestent le bon coup-d'œil et l'aptitude ,
sans lesquels le chef devient dangereux et pour
sa troupe et pour l'armée ; car des faits ont
prouvé maintes fois qu'un régiment, même
un bataillon, a arrêté par la promptitude et
l'exactitude de son mouvement, la rapidité
de l'ennemi , qui aurait donné probablement
une sévère secousse au corps de l'armée en-
tière.

Après avoir rempli les intentions de ses
chefs , et convaincu qu'il ne reste plus rien
à désirer au sujet de l'instruction dont il fut
chargé, Clerval sollicite et obtient une compagnie , afin d'avoir plus de loisir pour s'oc-

______

(1) Réglement d'infanterie du 1.ᵉʳ août 1791

cuper d'une autre branche d'instruction qui n'est pas moins à désirer que celle qui fait valoir le manœuvrier.

L'administration devient l'objet de ses études; il abandonne cette vie active qu'ont exigée ses dernières fonctions, et s'adonne au travail du bureau où il ne tarde pas de s'initier dans la manière d'entretenir une troupe par les règles émanées du Gouvernement.

Cet entretien d'un corps peut être regardé comme besoin secondaire. Il est nécessaire, et au corps et à l'État, ayant pour but le maintien de l'ordre et l'harmonie de l'un, et une majeure partie de la force de l'autre. Il fait oublier au militaire les caresses de sa famille, et l'attache à celle qu'il vient d'adopter, par les soins qu'elle lui prodigue, par la justice qu'elle lui rend en tout ce qui touche à son intérêt et à son bien-être. Cette harmonie qui en résulte, attache chacun plus étroitement à son devoir, le service se fait avec plus de zèle et de bonne volonté; enfin, la patrie lui devient plus chère et le drapeau plus sacré. Le Gouvernement se trouve au courant des dépenses que cet entretien nécessite, et par là sait à quoi s'en

tenir pour le montant de la somme à puiser
dans le budjet, ce qui intéresse la généralité
des citoyens.

Il ne suffit pas au bon administrateur
d'être homme de probité, d'être versé dans
la comptabilité ; il lui importe également
d'avoir un soin scrupuleux de faire sentir à
ses administrés l'exactitude de sa gestion,
qu'il n'agit qu'en vertu de ce que prescrit
son devoir, qui doit toujours être inséparable
de l'esprit des ordonnances.

L'officier d'infanterie, étant le principal
administrateur de ses subordonnés, doit avoir
religieusement ce soin, d'autant plus que le
soldat ne lui passe pas la moindre négligence,
ni la moindre erreur qui touche à son intérêt particulier. Un autre nécessité pressante
ne lui impose pas moins impérieusement
d'être versé dans l'administration ; son propre intérêt l'exige. Le chef qui se trouve
malheureusement obligé de confier sa comptabilité aux soins d'un tiers, sans pouvoir
la vérifier lui-même, se trouve tôt ou tard
dupe, et le triste jouet de sa propre crédulité
et de son ignorance ; deux grands vices qui
ne peuvent jamais être compatibles avec le
devoir de bon officier.

Son équité ne devrait pas se borner à l'administration du corps militaire, ni se renfermer dans le seul devoir du défenseur de ses droits ; elle devrait se répandre plus loin et s'étendre sur tous les habitans de la ville ou de la contrée où il pourrait se trouver stationné. Cette conduite, toujours louable en celui qui a la force en main, ne saurait que lui gagner l'estime et l'amitié des habitans ; juste ambition, et qui doit être chère à tout homme qui commande, d'autant plus qu'il est difficile pour un chef, ou sa troupe, de vivre agréablement et en bon commerce avec les habitans, s'il ne paraît s'attacher autant à leurs intérêts qu'à ceux de ses soldats. Il lui importe d'être tout à-la-fois citoyen et militaire ; car s'attacher les natifs du pays où on se trouve, est gagner des batailles sans coup férir, et sans verser du sang. Tout cela s'acquiert par beaucoup de sagesse et beaucoup de fermeté, par une connaissance parfaite de ses fonctions dans une place ouverte, fermée, ou en état de siège ; enfin, par celle de tout ce qui a pour objet l'entretien du bon ordre parmi les troupes et les habitans : garant de leur sûreté mutuelle. Clerval s'est appliqué avec une assiduité scrupuleuse à ces principes.

Il s'est mis au courant de toutes les lois , décrets et ordonnances , et n'a rien ignoré de celles qui traitent en détail des services d'une troupe en garnison (1), non plus que de celles qui ont pour objet de maintenir sa discipline en marche , soit dans l'intérieur de la patrie , soit chez l'étranger (2).

Ces instructions du gouvernement prévoient les principaux inconvéniens qui arrivent à une troupe , et développent d'une manière détaillée les principes fondamentaux sur lesquels doit se fixer celui qui est chargé du commandement d'un corps militaire. Elles lui indiquent les meilleurs moyens de marcher en pays ennemi , et de se garantir des attaques improvistes , qui sont toujours les plus dangereuses. Elles tracent à l'officier son devoir , lorsqu'il s'agit de conserver une position quelconque , ou bien de faire résistance avec une force inférieure à celle de l'agresseur.

Ces principes théoriques , que l'on acquiert dans le silence du cabinet , se trou-

(1) L'ordonnance du premier mars 1768.

(2) Réglement du service de campagne , du 5 avril 1792.

2

vent fortement combattus par quelques militaires, qui, dévoués à l'école de l'expérience, soit à cause d'une première impression, soit par la reconnaissance qu'ils doivent à leur seule tutrice, paraissent mépriser toutes notions qui ne sont pas indiquées par la pratique. Je ne prétends pas disconvenir qu'elle ne soit une excellente école, et que ceux qui apprennent là leur métier, ne l'aient trop gravé dans leur esprit pour ne pouvoir en faire bon usage dans toutes les occurrences. Or, cette école, sans l'aide de sa sœur, présente de grands inconvéniens, principalement dans l'état militaire, qui a l'économie pour pivot principal. Ainsi, comme défenseur des bons principes et des règles théoriques qui me paraissent nécessiter un premier rang dans toute branche d'instruction, je ne saurais nullement céder à ces anciens praticiens; et j'avance que l'expérience coûte trop cher à la guerre, et qu'il est dommage que tous ceux qui sont obligés de s'instruire ainsi, n'aient pas d'avance acquis l'impression de la marche de la raison, afin de s'initier dans les principes des sciences nécessaires à l'officier, parmi lesquelles je place au premier rang celle de sa

propre langue, langue dont Clerval a su se
servir éloquemment là où l'arme de la raison
l'emporte sur des ordres impérieux. Cet instrument de la conviction, si estimé et si sacré
parmi les anciens vainqueurs du monde, fut
celui qui sauva Rome plusieurs fois ; ce fut
cette arme qui valut à ses généraux orateurs
ces lauriers qui mirent leurs têtes tant de fois
à couvert de la foudre de l'insurrection qui
les aurait écrasés, s'ils n'eussent été à portée
d'entraîner par le pouvoir de l'éloquence les
suffrages de ceux qui n'aspiraient qu'à s'éle-
ver sur leurs débris, en profitant de leur chute.

La glorieuse victoire de *Marathon* se dut
au discours que le chef de l'armée grecque fit
tonner dans les rangs de sa troupe, déjà éclair-
cis considérablement, fatigués par des mar-
ches forcées, et par toutes les privations qui
tiennent à la fortune des armes.

Et si même *Miltiade*, cet illustre victime
des caprices du peuple, eût éprouvé, malgré
ses généreux efforts, les rigueurs d'un sort
contraire ; n'aurait-il pas été réduit, comme
Servilius (1), à se défendre avec l'arme de
l'orateur devant des juges plus portés au blâ-

---

(1) **Vertot**, *Hist. des Révolutions romaines.*

2..

me qu'à consoler le défenseur de leurs droits de la perte qu'il venait d'éprouver.

Clerval, l'élève de cette généreuse institution militaire, qui fait tant d'honneur au siècle de Louis-le-Grand (1), eut de suite besoin de l'art de la parole, même dans sa première expédition contre l'ennemi.

Il fut détaché avec deux capitaines de son corps, l'un des grenadiers et l'autre des voltigeurs, pour s'emparer d'une hauteur sur la rive gauche du Danube, d'autant plus nécessaire à occuper, qu'elle domine une vaste plaine que l'ennemi occupait. Les ordres ne sont pas plutôt donnés que mis à exécution. Les trois compagnies, fortes de cent soixante hommes chacune, se mettent en marche, passent la rivière, et se dirigent à leur destination. Arrivées à un quart d'heure de la hauteur, quelle fut leur surprise de se trouver arrêtées par un détachement Prussien, beaucoup supérieur au leur, mais pas assez pour ralentir la valeur française. Les deux détachemens s'engagent, et les Prussiens sont repoussés avec une perte de cent hommes; les Français n'en ayant

______

(1) L'Ecole militaire fut projetée par Louis XIV, et exécutée sous le règne de son successeur.

éprouvé qu'une de vingt-cinq, ainsi que le capitaine de voltigeurs, mis hors de combat par une balle reçue dans la cuisse droite. Le capitaine de grenadiers (brave comme sa dénomination l'indique), ne songe qu'aux ordres supérieurs, en se dirigeant sur la hauteur; il poursuit le détachement prussien jusqu'au pied, ranime les siens, les serre en masse sans s'arrêter, et se trouve, pour ainsi dire, maître de la position, lorsqu'une grêle de mousqueterie vole de son sommet, où le détachement de l'ennemi est retranché. Le chef tombe, ainsi que vingt-huit hommes de son détachement. Clerval, qui se voit chef à son tour, par suite de la mort de son camarade, qui aurait dignement mérité le titre de bon officier, eût-il autant de prévoyance que de bravoure, savait associer la prudence au courage, et jugea convenable de faire une marche rétrograde. Sacrifier ses compagnons, sans pouvoir s'assurer le juste prix de tant de pertes, lui paraissait vendre la vie des siens à un trop vil prix, et contraire à ce principe sacré pour tout chef: « Que le gain d'une bataille ne peut s'appeler victoire, toutes les fois qu'il ne suffit pas pour payer le sang versé. »

Ayant abandonné la funeste hauteur, il se dirige vers son corps d'armée, et s'arrête, au commencement de la nuit, à côté d'un petit bois qui l'a mis à couvert. Onze heures sonnent avant que le jeune chef révèle un projet digne de la valeur française. L'ennemi le croyait peu déterminé à revenir à la charge. C'est ici où la dissimulation devient une vertu des plus nécessaires dans le bon capitaine. Un coup aussi inattendu ne pouvait que surprendre sa propre troupe, tellement qu'elle regardait son chef comme un jeune téméraire sans expérience ; on voyait la crainte peinte sur tous les fronts, et l'effroi s'emparer de tous les cœurs. Que faire dans de pareils cas ? Commander ne suffit pas, il faut d'autres ressources : il s'agit de dérider tous les fronts, de rassurer tous les cœurs, et de les échauffer du même feu qui vous enflamme ; ce qui n'est pas toujours de la compétence de ceux qui ne savent point se servir de l'arme de la raison.

Clerval fait former le cercle à son détachement, porte la parole avec autant de clarté que de jugement, avec autant de fermeté que de feu : de sorte qu'une révolution salutaire s'opère dans tous les esprits et gonfle tous les cœurs. Les soldats obéissent à leur chef, arrivent au point d'attaque ; et , animés du même zèle , brûlans du même feu , ils visent au même but , montent la hauteur qui a servi de tombeau à leurs camarades le matin , sautent dans les retranchemens de l'ennemi , qui , se fiant à la vigilance de ses sentinelles circonvoisines , s'abandonnait au repos , et laissait ainsi enlever sa position, avec six cents prisonniers, armes et bagages.

Voilà donc le fruit que la connaissance de l'art de bien parler a valu à l'officier qui s'est trouvé obligé de gagner la confiance de ses subordonnés avant de mettre à exécution son projet. Ainsi le corps le mieux discipliné et le mieux attaché à son chef, se rebute souvent lorsqu'il s'agit d'une entreprise hardie , dont il ne conçoit pas la nécessité pressante ; répugnance qui peut être regardée comme point de départ vers un relâchement de subordination , qui est le présage presque certain d'un évènement sinistre.

Il ne suffit pas non plus que l'officier sache bien parler sa langue , il lui importe également de savoir bien écrire : les ordres par écrit, ainsi que les rapports, doivent couler de sa plume d'une manière claire et précise ; que les termes dont il se sert soient propres au sujet qu'il traite ou veut exprimer ; car, des expressions équivoques mènent souvent à l'erreur, et peuvent avoir des suites funestes, principalement dans un état où tout doit marcher avec précision et méthode. Les ordres qu'un chef communique d'un style trop prolixe, ne sont pas toujours exécutés avec l'exactitude qu'il aurait désirée, car ses intentions se trouvent noyées dans la diffusion.

Les ordres sont-ils trop succincts ? ils deviennent également susceptibles d'induire en erreur par leur obscurité.

Pour lors, le chef doit bien se garder de laisser glisser des termes ambigus dans ce qu'il ordonne ou veut communiquer. La première conception du sujet qu'il veut exprimer, ne doit nullement suffire. Il doit en faire la critique, pour s'assurer qu'il n'y a pas de double sens qui puisse entraîner une erreur, comme cela est arrivé fréquemment dans des devises écrites en lettres initiales sur les étendards de quelques peuples anciens (1).

La nécessité pressante de cette connais-

______

(1) La devise du peuple Romain, écrite avec ces

sance est également appuyée par le rapport détaillé que Clerval fut obligé de faire de son expédition, la perte que le détachement avait éprouvée; pourquoi et comment, ainsi que celle de l'ennemi; avec un récensement approximatif de sa force; une description topographique de la position dont il venait de s'emparer; les avantages qu'elle présente tant pour la défense que pour le nécessaire de la vie animale, ruisseaux, fontaines, bois de chauffage, etc., etc.; finalement, l'étendue du terrein qu'elle domine; tous ces renseignemens étant très-utiles au général pour calculer si la position mérite d'être conservée, ou bien d'être abandonnée.

La présentation avantageuse de son corps est aussi subordonnée à une manière éloquente et claire de s'énoncer, ce qui atteint le double but de s'assurer l'attachement de la troupe, en s'érigeant le défenseur de ses droits, et d'entrer dans les vues du gouver-

---

initiales, *S. P. Q. R.*, signifiait *Senatus populus que Romanus.*

Celle des Sabins fut également écrite avec les mêmes initiales, et avait une toute autre signification.

Sabino populo quis resistit ?

nement, en signalant judicieusement les be-
soins et les réclamations de cette partie de la
force publique.

Si la grammaire et la rhétorique règlent la
marche d'une heureuse élocution, la logique
atteint encore un plus digne but, celui de
chercher la raison (âme de la vertu) (1) ;
celui de démontrer la vérité, en réfutant
l'erreur.

Il en est de l'art de raisonner comme de
tous les autres arts : la nature renferme le
germe, les préceptes et l'exercice le fé-
condent. — On a vu des hommes devenir
géomètres, musiciens, poètes, sans connaître les règles de l'art ; mais, s'ils les avaient
connues, ils seraient, sans doute, allés plus
loin. Quelque justesse, quelque pénétration
qu'on ait dans l'esprit, les règles, les ré-
flexions et les exercices d'une bonne logique
peuvent seuls mettre le sceau de la perfection aux dons de la nature. Eh ! que de circonstances exigent un fonds assuré de rai-
sonnement de la part de ceux qui se voient

______

(1) M. Formey a fort bien dit que la *vertu était la
justesse de l'esprit, appliquée aux mœurs ou à la
conduite de la vie.*

dépositaires du sort d'un citoyen ; qui, en mille occasions , se trouvent appelés à remplir les nobles fonctions d'interprètes de la loi. Un jugement sain et un cœur droit sont indubitablement les qualités les plus urgentes, mais ne suffisent point pour initier le juge dans les intentions du législateur ; ce qui constitue le point de mire pour atteindre le but principal , ou plutôt unique, du légiste. Ce sont pourtant là les seules qualités exigées dans nos tribunaux militaires. Le jeune homme qui, après avoir à peine débuté dans la carrière des armes , se voit décoré pour la première fois de l'épaulette , peut se trouver appelé à décider de l'existence d'un malheureux accusé ; sa voix peut suffire pour faire pencher la balance du côté de l'affirmative, comme du côté de la négative ; le sort de l'homme en dépend ; elle suffit pour séparer un soldat de son drapeau , bannir un citoyen de la société , un Français hors de sa patrie : elle suffit pour le condamner à la peine capitale , ou bien l'envoyer au boulet à perpétuité. Le vieil officier , enfant de nos rangs , recommandable à la vérité sous le rapport de ses longs et bons services et de sa bonne conduite , mais n'ayant d'aucune manière les connaissances pour opiner sur un sujet aussi délicat, s'abandonne également à l'erreur, en prononçant sur l'existence d'un homme suivant l'assiette de sa propre disposition , sans jamais s'aviser d'éclaircir la cause qui a pu donner lieu au délit , ne regardant que la lettre de la loi , sans songer à son esprit et à son but. Un jugement pareil ne saurait être que nuisible à la société et au service , soit en conservant les jours d'un mauvais sujet, d'un citoyen indigne , soit en lui enlevant un bon serviteur, un citoyen recommandable.

C'est en vertu de pareilles décisions inconsidérées que la voix de l'humanité et de la justice doit se faire entendre à tout homme que le devoir appelle à opiner sur l'existence d'un fait criminel : cette voix doit lui inspirer le désir d'acquérir ces lumières qui facilitent les moyens de démêler la vérité de l'erreur, et, conformément à l'esprit de la loi, de prononcer plutôt sur l'intention de l'accusé que sur le fait dont il a pu être l'instrument ; et chercher la cause plutôt que l'effet ; l'une étant la motrice de l'autre.

Toute autre conduite de la part des juges serait répréhensible et même criminelle ; un honnête citoyen ou fonctionnaire , succom-

(29)

berait sous la hache du bourreau , pour un
fait dont il serait cause , sans être pourtant
volontairement coupable ; car les crimes pro-
viennent du moral et point du physique ;
l'un fait agir comme stimulateur , l'autre
n'en est que l'instrument passif ; ainsi on ne
condamne pas le couteau , tandis que la main
homicide est coupable. L'accusé de déser-
tion n'est nullement criminel , parce qu'il
n'a pas rejoint son corps avant l'expiration
du temps accordé par la loi , s'il démontre son
impuissance d'arriver plus tôt. Pourtant , selon la lettre de la loi , qui n'est que trop souvent la boussole de nos juges militaires , l'accusé est criminel suivant le *dictamen* de leur
conscience. Il faut cependant convenir que
ces zélés interprètes de la justice , ne rendent
pas toujours , dans ces occasions , de bons
services , ni au souverain , ni à la société , en
leur enlevant un membre utile. Pour obvier
à l'inconvénient de pareils jugemens , il serait à désirer que personne ne fut admis à s'as-
seoir en qualité de juge , qu'il n'eût quelques
notions de jurisprudence , et ne fût bien pénétré de l'esprit de toutes nos lois militaires ,
afin de saisir les intentions qu'eut le législateur , en établissant ces garanties du bien
commun.

On serait porté à m'objecter, probablement, la grande nécessité de cette instruction, en me faisant observer que les jurés
des Cours d'assises ne sont pas plus instruits
que les juges des Tribunaux militaires. Cette
vérité ne peut repousser ce que j'avance,
qu'il importe au juge militaire d'avoir fait
des études en législation peu nécessaires au
simple citoyen qui n'est appelé qu'à prononcer sur l'existence du fait, en puisant dans les
débats la conviction de la culpabilité de l'accusé. Le devoir de juge militaire ne se renferme pas dans ce cercle étroit ; il a deux fonctions distinctes à remplir, celle de juge du
fait, comme juré, et celle d'applicateur de la
peine comme magistrat expérimenté (*Interprète de la loi*). Ainsi il doit savoir ce que
c'est que la législation criminelle ; savoir
choisir les peines applicables au degré de
gravité d'un délit ou d'un crime, ce qui ne
saurait s'effectuer sans être initié dans la jurisprudence.

IIme PARTIE.

Connaissances utiles.

IL est des connaissances qui n'appartiennent pas directement à l'arme de l'infanterie , et qui sont néanmoins d'une grande utilité à l'officier qui, dans beaucoup d'occasions , devient le ressort du bonheur ou du malheur de ses subordonnés qui se fient à la vigilance de leur chef.

Clerval s'est trouvé fréquemment dans ces cas épineux , lorsqu'il a été détaché de sa division pour tirailler.

En bon officier, il ne comptait pas tant sur la force de son détachement que sur sa propre prévoyance , qui devient l'arme la plus nécessaire à ceux susceptibles d'être coupés par l'ennemi, et ainsi dépendant de son propre génie pour la conservation de sa troupe.

La guerre 'd'Allemagne lui a ouvert un vaste champ pour déployer ses moyens théoriques, notamment aux environs de Neustadt , où , ayant été coupé par une division Saxonne, il fut réduit à se défendre, se trouvant de tous côtés enveloppé par l'ennemi.

Il n'y avait que la terre même sur laquelle se trouvait son détachement , qui pouvait lui offrir quelque espoir de ne pas être haché, ou de subir le sort de prisonnier ; aussi s'est-il mis à en tirer parti , d'autant mieux que la position paraissait assez avantageuse , étant une élévation qui dominait les environs, et où coulait un ruisseau ombragé de quelques arbres épars qui pouvaient servir à la construction d'un retranchement. Bientôt il voyait sa troupe entourée d'un parapet qui réunissait toutes les proportions théoriques dont il s'était pénétré dans le silence du cabinet : ces mêmes arbres disparaissaient et se transformaient en fascines de revêtement, et ce ruisseau qui baignait les alentours , envoyait ses eaux remplir le fossé.

Ainsi Clerval a su associer au courage le fruit de ses études en fortifications (seule ressource qui lui restait) , pour mettre ses compagnons à l'abri du danger. Or, une forteresse, construite suivant toutes les règles de l'art , ne suffisait pas pour se permettre de s'abandonner à une tranquillité parfaite , car ses munitions n'étaient pas en grande quantité. Pour remédier à cet inconvénient , l'histoire naturelle lui indiquait les matières les plus nécessaires à sa défense.

L'excavation du fossé de son retranchement lui a fourni une grande quantité de minéraux sulfureux , notamment du fer ; des matières nitreuses n'ont pas été en moindre quantité dans le voisinage , principalement parmi les décombres de quelques vieilles masures qui se trouvaient à portée , et qui servaient de nitrière , où Clerval puisa son salpêtre. Ces arbres (saules pleureurs) , qui bordaient le ruisseau dont j'ai déjà fait mention , se présentaient comme troisième matière pour la fabrication de la poudre , l'un des premiers objets essentiels qui manquaient à la troupe.

Clerval ne tardait pas à établir des fourneaux et des laboratoires pour la distillation et la sublimation du soufre , pour la lixiviation des terres nitreuses, enfin pour l'évaporation des eaux salpêtrees, et la cristallisation du salpêtre.

Par ces procédés, ayant obtenu ses matières dans leur état pur, il démontrait la ma-

niere de les piler et de les tamiser , ainsi que
le charbon. Ensuite ayant proportionné les
différens ingrédiens d'après l'ordonnance de
France (1) , il distribuait une portion à
chaque homme pour le confectionnement ,
à l'exception de ceux occupés à un travail
non moins urgent , celui du moulage et cou-
lage de grenades à main , et des balles de car-
touche.

Les moules se confectionnaient avec autant
d'exactitude que les matériaux et les circonstances le permettaient. Ensuite réduisant en
fusion ce même fer dont on avait déjà extrait
le soufre, l'on s'est procuré des projectiles
qui ont justifié leur utilité en portant la
mort dans les rangs ennemis , qui crurent
s'emparer de ce détachement français dans sa
retraite , qui heureusement n'eut lieu qu'a-
près que Clerval se fût déjà mis en état de
défense. Leur espoir s'évanouit bientôt :
cette colline qu'ils avaient traversée quelques jours auparavant, présentait un tout
autre aspect : ils ne furent pas éloignés de
deux cents pas du retranchement, que la

---

(1) $\frac{1}{4}$ de Salpêtre, $\frac{1}{8}$ de soufre, et la même propor-
tion de charbon.

terre sur laquelle ils marchèrent, s'ouvrit, et vomit de ses entrailles des rochers enveloppés de nuages de feu qui en firent sauter un grand nombre des leurs, et justifièrent ainsi l'heureux effet de ces volcans artificiels que Clerval avait établis avec tout l'art d'un habile mineur. Ceux des assiégeans qui n'avaient pas péri dans cette catastrophe, ne songeaient qu'à se venger sur les assiégés qui leur tendaient un autre piège, en les laissant approcher jusqu'à distance de la portée des grenades à main : alors une décharge de la part des assiégés se fait avec tant d'avantages, que les attaquans renoncent à leur projet, et se retirent au milieu d'une nuée de balles qui succèdent aux grenades.

Ainsi, après une affaire des plus meurtrières pour les attaquans, les assiégés se voient débloqués de tous côtés, et sont de suite secourus par l'arrivée d'une division française qui était à la poursuite des fuyards.

Le génie et l'artillerie, la minéralogie et la chimie, qui embrassent les principaux élémens du système de l'attaque et de la défense moderne, ne furent pas les seules sciences qui vinrent au secours de ce jeune, mais habile guerrier, pendant plusieurs jours de siège; la botanique lui prodigua également ses généreux secours dans cette circonstance difficile, lui ayant enseigné à interroger les différentes herbes, racines et fruits qui se présentaient aux environs, afin de pouvoir choisir ceux propres à l'économie animale, comme doués de propriétés nutritives et médicinales, son détachement n'ayant d'autre moyen de subsistance, ni ses malades d'autre remède médical pour soulager leurs indispositions.

L'instruction que les circonstances veulent de l'officier, ne se renferme pas dans le seul cadre des devoirs des troupes à pied. Elle dépasse cette limite, et s'étend sur les armes même de la cavalerie, c'est-à-dire, qu'il importe à l'officier d'infanterie de savoir s'en servir avec avantage, de concert avec ses propres forces dans les occurrences qui lui en confient le commandement.

Ainsi Clerval a su se servir de cette arme dans une affaire où il se trouvait détaché avec quelques pelotons de cuirassiers et de cavalerie légère, dont le commandement lui était déféré en vertu d'ancienneté de grade.

Il s'agissait de secourir un détachement

de reconnaissance coupé par une force Prussienne. Clerval disposa tellement les différentes armes, infanterie légère, cuirassiers et hussards, calculant les avantages de la position de l'ennemi, ainsi que de la sienne, opposant la force convenable à la résistance, faisant agir son infanterie là où sa présence devenait utile, appuyant celle-ci par la cavalerie tellement à propos , que toutes les forces agissant d'un commun accord, elles se sont appuyées réciproquement , et obtinrent une *victoire éclatante* pour résultat d'une si heureuse harmonie.

Or , cette idole du brave n'est pas toujours franche dans la distribution de ses faveurs ; ses sourires cachent souvent l'intention d'une riposte meurtrière qu'il importe à l'homme habile de savoir parer. Ainsi Clerval , après avoir réussi dans son expédition , ayant libéré le détachement qui avait failli de se voir prisonnier , eût subi le même sort lui-même, s'il n'avait pas su associer à ses efforts les lumières de la mécanique , qui lui enseignaient à construire un pont sur une rivière où il lui a fallu passer , l'ennemi s'étant emparé de celui de passage.

Le véritable mérite ne consiste pas à établir un ouvrage là où tous les matériaux se trouvent, et lorsqu'on a tous les instrumens nécessaires au travail : ainsi des bateaux, des madriers, des cordages et des piquets étant à portée, le pontonnier aurait peu de mérite de jeter un pont ; mais il est du domaine du génie de remplacer ces matériaux par d'autres objets moins connus, en interrogeant les différentes propriétés physiques des matières qui se présentent, et en s'appropriant celles convenables au travail mécanique dont il s'agit.

C'est ainsi que Clerval a su tirer parti d'un bois de haute-futaie qui se trouvait à un quart de lieue de l'endroit où il lui importait de construire son pont ; il s'y enfonça et fit abattre les arbres les plus propres à la construction de l'ouvrage, les fit transporter sur le bord de la rivière, et démontra la manière de les tailler et de les joindre.

Les radeaux étant confectionnés, il ne s'agissait plus que les assujettir sur l'eau, de manière que le courant ne les emportât pas ; pour cet effet, il envoya chercher des cordages dans le même bois qui lui avait déjà fourni le premier nécessaire ; il fit dépouiller les jeunes arbres qui présentaient une écorce

tenace et élastique ; ensuite les faisant couper
en sens longitudinal , les cordes se firent
par le seul soin de tresser les lambeaux d'é-
corce.

Le pont de radeaux étant bien assujetti
sur les deux bords , Clerval traverse la rivière avec son infanterie et sa cavalerie , ensuite tire un dernier parti des matériaux en
s'en servant pour le transport de ses malades. Pour cet effet , il fait coupler un nombre suffisant de chevaux , de manière que les
madriers ou planchers reposassent leurs ex-
trémités sur chaque cheval , et ainsi étant
bien assurés , présentassent une voiture de
transport très-commode.

Les difficultés que cet officier éprouva dans
cette expédition , ne l'empêchèrent pas de
remplir ses devoirs de reconnaissance , en
levant le plan du pays et celui de la position
de l'ennemi.

C'est ce devoir qui veut que l'officier soit
bien instruit dans la topographie , la levée
des plans et le dessin , afin de pouvoir pré-
senter avec précision et netteté le résultat de
ses découvertes , en marquant sur son plan
les objets en miniature , comme ils se trouvent réellement situés sur la face de la terre ,

les rivières, les ruisseaux, les ponts, les marais, les hauteurs, les bois, les chemins, les villages, les maisons et les moulins, observant que toutes les positions qu'occupe l'ennemi s'y trouvent scrupuleuscment rapportées, indiquant séparément celles de ses différentes armes, là où est la cavalerie, la position de son infanterie et celle de l'artillerie ; enfin, un plan de ce genre ne saurait être trop chargé d'observations, pourvu qu'elles soient claires, ne présentant rien d'ambigu.

Tel était le genre de plan que Clerval présentait à son retour, et telle est l'arme la plus utile dans les mains du général.

III.me PARTIE.

*Connaissances qui peuvent devenir utiles
à l'Officier.*

Il est difficile de préciser toute l'instruction
qui peut être utile à l'officier, le sort des armes
se trouvant fréquemment aussi incertain que
la direction de l'aérostat qui vogue selon les
vents, tantôt planant mollement et bercé par
un vent doux et bienfaisant, tantôt voyageant
paisiblement au gré d'un vent d'est; tantôt
c'est le rude Borée qui l'entraîne dans sa
course rapide, le heurte contre la crête
d'une montagne, ou le submerge dans le
gouffre des eaux où sa destruction est inévi-
table; n'est-il pas armé pour parer le choc
du premier, ou surnager dans le second cas?
Ainsi le militaire ne saurait prévoir le sort
qui l'attend en entrant en pays ennemi;
tantôt séduit par les charmes de la victoire,
il poursuit en toute confiance ses traces, et
ainsi arrive au faîte de son honorable am-

bition : mais que ce guide trompeur se dé-
robe un moment et l'abandonne dans un
pays lointain , comment se tirer de cette position ? où trouver une ornière salutaire ?
Certes , la difficulté serait embarrassante ;
n'eût-il pas , comme Clerval , l'instruction
qui lui facilitât les moyens d'interroger le
firmament , dont les signes ineffaçables fixent
les différens points terrestres , et ainsi servent
de boussole à celui à qui l'astronomie n'est pas
étrangère.

Clerval, prisonnier de guerre en 1813 ,
est un exemple de l'avantage qu'on peut tirer
de cette science, ainsi que de celle de la
géographie ; il fut mené en cette qualité de
Bautzen à Moscou , et là subit le sort d'autres *braves* que la fortune avait abandonnés.

Quelques mois s'étaient écoulés , lorsqu'il
trouva le moyen de gagner son geolier, dont
le devoir voulut bien céder à la cupidité pé-
cuniaire. Sorti de sa prison , il se dirigea à
pied sur Riga , où il comptait trouver à s'em-
barquer pour la France ; sa qualité de prisonnier Français ne lui laissait d'autre alter-
native que de voyager la nuit, sans autre
Mentor pour le diriger et lui indiquer les
chemins , que sa propre connaissance géo-

graphique et astronomique ; l'une lui ensei-
gnant la route la plus convenable, après
que l'autre lui eût signalé le point céleste qui
dominait le sol de la patrie ; enfin, interrogeant sa carte et les signes astronomiques,
Clerval est parvenu à traverser un pays qui
lui était inconnu, et arrive si à propos à Riga,
qu'il y trouve un bâtiment hollandais qui
partait pour Dunkerque. Pour réaliser son
projet, il lui fallait également dissimuler son
état et le lieu de sa naissance, en changeant
son costume, et en déguisant sa langue.

La facilité de s'exprimer en langues étrangères lui promettait une heureuse réussite,
en lui laissant le choix d'un pays qui conve-
nait aux gens avec lesquels il avait affaire ;
ainsi, par ce travestissement, il trouve à
négocier son embarcation, et revoit sous peu
les bords chéris du berceau de ses pères.

De tels exemples, qui n'arrivent qu'accidentellement, ne sont pas ceux qui démontrent avec le plus de clarté, les grands avantages que l'officier peut retirer de l'étude des
langues ; d'autres, plus fréquens, sollicitent
puissamment qu'il sache parler aux habitans
des pays où il porte ses armes, soit pour les
entretiens qu'il pourrait désirer avec les

maires et autres autorités, les voyageurs du pays, les paysans, les déserteurs, les prisonniers, etc., etc.

Ces différentes ressources, qui sont du domaine du moral, et qui tiennent au ressort de l'arme la plus usitée dans notre siècle, ne doivent pas outrepasser leurs justes limites, et ainsi laisser déprécier toutes celles qui tiennent au physique.

Ces exercices, qui ont tant servi à illustrer les anciens, méritent leur juste prix parmi nous, à cause de leur utilité en beaucoup d'occasions.

La natation, qui ne se trouve que trop négligée de nos jours, devient souvent la seule planche de secours du militaire qui, éprouvant un revers de fortune, est obligé de braver les courans, et de traverser des lacs et des rivières à la nage. De nombreux exemples viennent à l'appui de l'avantage de cet art, exemples dont, hélas ! les douloureux souvenirs m'épargnent la peine de les dérouler aux yeux du lecteur.

L'équitation tient également un rang distingué parmi les études qui deviennent avantageuses à l'officier qui m'occupe. Clerval fut aussi bon écuyer que fantassin et nageur. Les fonctions d'adjudant-major ne furent pas les seules qui lui ont justifié le besoin d'être bon écuyer. Attaché fréquemment aux officiers-généraux, il se trouvait chargé de leurs ordres et d'autres missions pressantes qui exigent l'habitude du cheval.

Cet emploi à part (qui probablement n'arrivera pas dorénavant aussi fréquemment, à cause de l'institution du nouveau corps d'état-major (1),) cette instruction ne doit pas être moins cultivée ; car celui qui commande une compagnie, peut être appelé au commandement d'un bataillon ; pour lors l'art du cavalier, qui ne se trouve que parmi ceux utiles, passe au premier rang et se classe avec ceux qui sont absolument nécessaires. En ce cas, il est indispensable qu'il soit, comme Clerval, initié dans tout ce qui intéresse même le bien du cheval, connaître son caractère, son tempérament et sa force physique, afin de pouvoir prodiguer les soins qu'exige cet animal, duquel dépend souvent la sûreté personnelle du cavalier, et qui mérite, à juste titre, la dénomination d'ami de l'homme.

----

(1) Ordonnance du Roi, du 6 mai 1818.

Il ne suffit pas à l'officier d'infanterie de savoir monter à cheval, il lui importe aussi de savoir se servir de ses armes en cavalier comme en fantassin. L'exercice du sabre doit lui être aussi familier que celui de l'épée et du pistolet; en effet, il arrive souvent que cette connaissance physique aide également le cavalier lorsqu'il attaque son ennemi et se trouve obligé de se mettre sur la défensive; elle lui indique les différentes positions qu'il lui importe de donner à l'animal pour le mettre à couvert des armes de son adversaire, et pour faciliter l'usage des siennes lorsqu'il se voit obligé de se fier à son adresse, comme Clerval, qui sut parer les coups de trois cavaliers qui l'attaquèrent remplissant les fonctions d'aide-de-camp: cet habile officier ajusta si bien ses deux coups de pistolet qu'il étendit morts deux des attaquans; le troisième lui tue son cheval: Clerval n'en est pas décontenancé; en fantassin, il fond sur son antagoniste, lui éventre le sien, et, par ce moyen, égalise le combat dont le succès ne tarda pas à pencher du côté de celui qui sut associer à sa défense les principes d'escrime, aussi bien que les autres exercices gymniques, tant

cultivés par les anciens, qui ont regardé l'a-
dresse du corps comme première qualité du
soldat : et certes, la gymnastique ne doit
pas être regardée légèrement de nos jours ;
si ses armes diffèrent de celles des Romains
et des Spartiates, le but en reste toujours le
même, de s'en servir avec adresse dans toutes les occurrences, soit à la course, soit à
la nage, soit en franchissant un fossé, soit
en grimpant une montagne, ou en escala-
dant un mur. Tous ces cas exigeant que les
armes et le poids dont le militaire est chargé,
prennent les positions qui conviennent à
celles du corps, justifient l'utilité de faire
contracter à l'homme de guerre les principes
physiques puisés dans la théorie du levier,
qui enseigne les moyens d'alléger sa charge
par la manière industrieuse de la porter.

Il arrive aussi quelquefois une époque
ou le *bon Prince*, organe de la divinité,
tempère les cris de gloire et l'éclat des armes,
en répandant les douces bénédictions de la
paix dans les rangs de ses braves ; alors
toute cette adresse et ces attributions militaires doivent se renfermer dans l'homme de
guerre et disparaître avec lui ; il lui convient
de se désarmer, et d'abandonner le casque

et les autres signes caractéristiques de son
état, afin de représenter le Français en sa
qualité de citoyen ; pour lors il est convenable que l'homme de société paraisse avec
autant de relief que le militaire sur le champ
d'honneur ; il doit se faire distinguer comme
Clerval, dont l'abord, la conversation, l'ai-
sance, la modeste retenue, la respectueuse
affabilité et la douceur auprès du beau sexe,
annoncent le soldat citoyen d'une nation aussi
polie que brave.

Cette dernière qualité de l'officier français
qui veut qu'il ne soit pas étranger à l'amé-
nité des mœurs de son pays, veut qu'il la
cultive, dis-je, comme citoyen, avec le
même soin et la même assiduité, qu'il s'a-
donne, comme militaire, aux exercices qui
constituent le soldat, parmi lesquels ceux
du cirque et de la carrière devraient tenir
un juste rang, étant ceux qui, en nombre
d'occasions, assurent l'exécution des projets
puisés dans les sciences. Celles de la géographie et des langues étrangères, qui facilitent
les moyens de s'orienter et de s'entretenir
avec les natifs du pays où l'on se trouve,
dont les dires et les observations prêtent
souvent à la réalisation d'une entreprise, en

indiquant les avantages et les inconvéniens
du pays ; ces mêmes observations s'accordant
avec les dispositions de l'officier en reconnaissance , le mettent à portée d'ajouter à un
plan topographique des remarques qui en
rehaussent le prix , et lui impriment le caractère d'un instrument des plus nécessaires
pour atteindre le but désiré.

Or , des cas imprévus surviennent fréquemment et mettent des obstacles aux re-
cherches de l'officier détaché , et l'obligent
de tirer parti des objets propres à la défense ,
en déployant les ressources du génie et de
l'artillerie , ainsi que celles qui sont du ressort de ces armes.

Ce fut la réunion de cette instruction avec
celle exigée par le Gouvernement , qui mé-
rita à Clerval le titre d'officier parfait ; car il
ne suffit pas de se conformer passivement à
tout ce que prescrivent les différentes ordonnances; il faut aussi suppléer à ce qu'elles
ne pouvaient pas prévoir , en s'attachant à
leur esprit qui a pour but le bien-être des
soldats et celui des habitans , de tout régu-
lariser par une scrupuleuse administration ,
et de prononcer judicieusement sur les fau-
tes , délits et crimes , comme interprète sage

et éclairé des lois militaires : cette qualité ne saurait être remplie religieusement sans une saine logique jointe à l'art de bien rendre ses pensées, triplement nécessitée en sa qualité de juge, de chef et d'instructeur, dont le premier devoir est lui-même d'avoir des mœurs pures, et de bien apprécier ses subordonnés sous le rapport moral et physique.

Telle est l'exposition des qualités et des connaissances dont la réunion seule puisse rendre l'officier d'infanterie cher à la société, et redoutable aux ennemis de son souverain et de son pays.

FIN.

Imprimerie de MIGNERET, rue du Dragon, N°. 20.